SÚPER CHISTES

CHISTES

3

Papel certificado por el Forest Stewardship Council®

MIXTO
Papel | Apoyando la
silvicultura responsable
FSC® C117695

Penguin
Random House
Grupo Editorial

Primera edición con esta encuadernación: mayo de 2024

© 2013, Pau Clua, por el texto
© 2013, Penguin Random House Grupo Editorial, S.A.U.
Travessera de Gràcia 47-49. 08021 Barcelona
© 2013, Álex López, por las ilustraciones
Coordinación editorial: Bonalletra Alcompas S.L.
Diseño y maquetación: Elisenda Nogué / www.metagrafica.com
Corrección: Sergio Herrero
Diseño de la cubierta: Penguin Random House Grupo Editorial / Judith Sendra

Printed in Spain – Impreso en España

ISBN: 978-84-10298-76-7
Depósito legal: B-8.007-2024

Impreso en Liber Digital, S. L.
Casarrubuelos (Madrid)

GT 9 8 7 6 7

SÚPER CHISTES 3

Los chistes más divertidos sobre
los seres más pelmas de la humanidad:
¡LOS MAYORES!

montena

Un hombre llega muy tarde a casa y su mujer le pregunta:

—¿Qué horas son estas de llegar?

—¡Pero si solo es la una! —responde el marido.

—¿La una? ¿Estás seguro?

—Claro —responde—, el reloj de la iglesia lo ha repetido seis veces.

De viaje por una ciudad japonesa, el hijo le pregunta al padre:

—¿Cómo tocan el timbre, aquí en Japón?

Y el padre contesta:

—Con el dedo, como en todas partes.

Un chico le dice a su madre:
—Mamá, voy a salir.
Y la madre pregunta:
—¿Con quién? ¿Adónde? ¿Cómo? ¿Tienes sus teléfonos? ¿Hasta qué hora? ¿Por qué?
El chico, sin contestar, le dice a su padre.
—Papá, voy a salir.
Y el padre contesta:
—Hasta luego.

Julia está comiendo con su familia, intenta decir algo con la boca llena, y su madre le dice:

—Te he dicho mil veces que no hables con la boca llena.

—Pero… —intenta decir la niña.

—¡Ni pero, ni nada!

—Pero mamá… —insiste la niña.

—¿Qué te acabo de decir?

Al final, Julia consigue tragarse lo que tenía en la boca y su madre le dice:

—Ahora sí, Julia. ¿Qué querías decir?

Y Julia dice:

—Que en la ensalada hay bichos.

Un niño le pregunta a su madre:
—Mamá, ¿has visto mis calcetines?
La madre le contesta:
—Carlitos, ¿por qué no buscas un poco antes de preguntar?
Y el niño contesta:
—¡Ya lo he hecho, pero en Google no viene nada!

Un ladrón entra de noche en una casa y, sin querer, despierta al padre:
—No se mueva —dice el ladrón—, busco dinero.
Y el padre contesta:
—¡Qué buena idea! Enciendo la luz y lo buscamos juntos, ¿vale?

Un padre le pregunta a su hijo:

—Pepito, ¿con qué estás jugando?

Y Pepito contesta:

—Con lo que me sale de los huevos.

Su padre, enfadado, le grita:

—¡Estás castigado! ¡No quiero que digas esas cosas!

Y Pepito, llorando, contesta:

—¡Pues no me regales más huevos Kinder!

—Mamá, en el cole me llaman azafata.

—¿Y quién te dice eso, cariño?

Y la niña contesta, señalando:

—Los de delante, los de detrás y los de ambos lados.

Paseando por la calle, una hija le dice a su madre:

—Mamá, la gente dice que soy fea.

Y la madre le dice:

—Tú no eres fea, cariño. Tú eres como el patito feo, solo tienes que crecer.

Y la hija contesta:

—Pero mamá, ¡es que tengo 35 años!

Una mujer le dice a su marido:

—Amor mío, vamos a ser uno más en la familia.

—¡Qué bien! —contesta el padre, contento—. ¡Vamos a tener otro bebé!

—No —contesta la mujer—. Mi madre viene a vivir con nosotros.

Pocos días antes de su cumpleaños, un niño está impaciente y le pregunta a su padre:

—Papá, ¿qué me regalarás este año?

—¿Qué te regalé el año pasado? —pregunta el padre.

—Un globo —contesta el hijo.

—Pues este año te lo inflo.

Una familia que nunca ha salido de su casa de
la montaña viaja hasta la ciudad, y en un centro
comercial se quedan mirando las puertas de un
ascensor que se abren y se cierran.

—¿Qué es esto? —pregunta el hijo.

—Ni idea —contesta el padre.

De repente, una señora muy muy vieja entra en el
ascensor y se cierran las puertas. Segundos después, se
abren las puertas y aparece una chica joven y guapísima.
El padre, con los ojos como platos, le dice a su hijo:

—Ve corriendo a buscar a tu madre.

Una niña llega a su casa y le entrega las notas a su padre:
—¿Cómo? ¡Estas notas merecen un castigo!
Y la niña contesta:
—A que sí, papá. Pero tranquilo, sé dónde vive la maestra.

Amor, llevamos
25 años de casados
y nunca me has
comprado nada.

Oh, lo siento.
¡No sabía
que vendías cosas!

JOYAS

En el coche, una niña le dice a su madre:

—Mamá, ¿has oído? Creo que hemos atropellado algo.

La madre contesta:

—Sí cariño. Creo que era un ratoncito.

Y la hija contesta:

—Pues espero que no se apellide Pérez.

La madre le dice a Carlitos:

—¿Por qué tienes un chichón en la cabeza?

—Porque fui a la fiesta de cumpleaños de un niño muy rico.

—¿Y eso qué tiene que ver?

Y Carlitos contesta:

—Pues que se abrió la piñata y me cayó un televisor.

Unos padres se van a cenar con sus amigos y dejan a su hijo con la niñera. Cuando vuelven, preguntan:
—¿Cómo ha ido?
—Bien, lo único es que su hijo se ha comido una cucaracha.
—¿Cómo? —preguntan espantados, los padres.
—No se preocupen, inmediatamente después le di un bote de insecticida.

La madre le dice al padre:
—¿Se puede saber por qué no te acabas nunca el yogur?
—Porque aquí pone: «consumir antes de... ver fondo del envase».

Un matrimonio está en la cama leyendo, oyen que su hijo mayor llega a casa a las dos de la mañana, y el padre pregunta:
—¿De dónde viene Pepe?
Y la mujer responde:
—¿De dónde va a venir? De José...

Un padre le dice a su hijo:
—Hijo, di una mentira.
Y el hijo dice:
—Papá.

Un matrimonio pasea por el parque y la mujer le dice al marido:
—Juan, ¿te has fijado que el vecino besa todos los días a su mujer antes de ir al trabajo? ¿Por qué no haces tú lo mismo?
Y el marido contesta:
—¿Y no te importará que bese a la vecina?

Un niño llega a su casa después del cole y le dice a su madre:

—Mamá, hoy en el cole he hecho una buena acción.

—Muy bien, hijo —dice la madre—. ¿Y qué has hecho?

—Pablito había puesto una chincheta en la silla del profesor, pero yo he conseguido quitar la silla en el último momento.

El padre de Juan le dice al padre de Pedro:

—Mi mujer dice que soy un perfecto inútil.

—¡Qué suerte! —responde— A mí no me encuentra perfecto ni en eso.

Un niño se acerca a su madre, le muestra la cabeza y le pregunta:

—Mamá ¿Qué tengo en la cabeza?

Su madre, sin mirarlo, le responde:

—Nada, hijo.

Y el niño pregunta:

—Ya, ¿pero afuera?

Un niño le dice a su madre:
—Mamá, eres una mentirosa.
—¿Por qué dices eso?
—Porque me dijiste que mi hermanito era un angelito.
—Es verdad, cariño —contesta la madre—. Tu hermano es un angelito.
—No, porque lo acabo de tirar por la ventana y no vuela.

Un niño está haciendo los deberes y su padre, a su lado, le dice:
—Debes estudiar, porque el estudio da sus frutos.
—Que estudien los árboles, entonces —contesta el hijo.

Un padre le dice a su hijo:

—Mira hijo, ya he hablado con la cigüeña para que el año que viene nos traiga un hermanito.

Y el hijo le contesta:

—Muy bien papá, ¿pero no tendrías que hablarlo con mamá?

Jaimito está haciendo los deberes de matemáticas, y su padre, muy serio, le dice:

—Mira hijo, en esta vida hay tres clases de personas: las que saben contar y las que no.

Dos padres esperan a que sus hijos salgan de la
escuela y uno le dice al otro:
—¿Sabías que Adán era el hombre más feliz de la tierra?
—¿Por qué? —pregunta el otro padre.
—Porque no tenía suegra.

La madre de Juanito y Juanita les pregunta:
—¿Sabéis cuál es la diferencia entre el papel higiénico
y la cortina de la ducha?
—Pues no —contesta Juanito.
—¡Ajá, has sido tú! —le grita la madre.

Una niña va hacia su padre, que está tranquilamente leyendo en el sofá, y le dice:

—En el cole todos dicen que en su casa es su padre quien lava los platos.

Y el padre le contesta:

—Pues no se te ocurra decírselo a tu madre.

Un niño ha acompañado a su padre a la oficina y se queja:

—Pero papá, ¡aquí no me voy a divertir nada!

El padre le dice:

—¿Y quien te ha dicho a ti que en el trabajo vengo a divertirme?

Y el niño contesta:

—¿No me dijiste que estabas rodeado de payasos?

A la hora de la cena, un niño no quiere comer y su madre le dice:

—Imagínate que cada cucharada es un pasajero y que tu boca es un autobús, ¿vale?

—Vale —contesta el niño.

La madre empieza a darle de comer y dice:

—Un pasajero. Muy bien. Dos pasajeros. Tres pasajeros.

Pero después de varias cucharadas, el niño dice:

—Fin de trayecto. ¡Todo el mundo fuera!

—¡Mamaaaá, en el colegio me llaman fin de semana!

—¿Y eso por qué, Domingo?

—Mamá, ¿los limones vuelan?
—No, hija.
—¡Uy, entonces he exprimido el canario!

Delante de la lavadora, un hombre está cortando con unas tijeras una camisa de cuadros blancos y negros. Sorprendida, su mujer le pregunta:

—Pero, Juan, ¿qué estás haciendo?

Y el marido, tranquilamente, le contesta:

—Seguir las instrucciones y separar los colores.

Una hija y su madre pasean por la calle, ven a un borracho al lado de un árbol y la madre le pregunta a la hija:

—Julia, ¿sabes qué diferencia hay entre un borracho y un árbol?

—No, mamá, ¿cuál?

—El árbol empieza en el suelo y acaba en la copa. El borracho empieza con la copa y acaba en el suelo.

Un padre le dice a su hijo:

—Hijo, algún día el profesor se dará cuenta de que soy yo quien te hace los deberes.

Y el hijo contesta:

—Papá, creo que ya lo sabe. Ayer me dijo que era imposible que yo pusiera tantas tonterías.

Un hombre está haciendo los crucigramas en el sofá, y le pregunta a su mujer:

—Cariño, ¿cuál es el mar que viene cada semana?

Y la mujer responde:

—El mar-tes.

Acabo de decidir que, si el trabajo es bueno para la salud, a partir de ahora que trabajen los enfermos.

Un niño está acabando de comerse un plato en la mesa del comedor, donde solo quedan algunas migas, y le grita a su madre, que está en la cocina:

—¡Mamá, me he comido el plato entero!

Desde la cocina, la madre le contesta:

—Muy bien, hijo. Tráelo a la cocina.

Y el niño contesta:

—¡No mamá, no me has entendido!

Una niña pequeña le dice a su padre:

—¿Podemos ir al cine, mañana?

—Claro —responde el padre—. ¿Qué te gustaría ver?

Y la hija responde:

—Una peli de dibujitos y princesitas, pero donde haya mucha sangre y muchos muertos, porque si no me aburro.

Una pareja, delante del teatro, le pide al tipo del mostrador:

—Dos entradas, por favor.

—¿Para *Romeo* y *Julieta*? —pregunta el taquillero.

—No, para mi esposa y para mí.

En el comedor de casa, la madre le dice al padre:

—María necesita una enciclopedia para ir al cole.

Y el padre contesta, sin dejar de leer el periódico:

—Que vaya a pie, como todo el mundo.

Un niño y su madre están delante de un cajero automático, y el niño le pregunta a su madre:
—Mamá, en el colegio me llaman interesado.
—¿Quién te dice eso, cariño? —pregunta la madre.
—Si me das cinco euros te lo digo.

CAJERO AUTO

Una niña está mirando cómo se viste su madre con un vestido de noche para ir a una fiesta y le pregunta:
—Mamá, ¿cuándo me vas a comprar un vestido de noche?
Y la madre contesta.
—Nunca, hija. Por la noche las tiendas están cerradas.

Paseando por un centro comercial, una mujer le dice a su marido:

—Juan, creo que me voy a comprar ropa.

Y Juan dice:

—¿Para qué? Si la que llevas todavía está muy bien.

Y la mujer contesta:

—Ya, pero estoy cansada de ir vestida de novia.

—Papá, ¿cuál es la fecha de mi nacimiento?

Y el padre le dice:

—El 9 de marzo.

—¡Uala! —contesta la niña, contenta—. ¡Qué coincidencia. El mismo día que mi cumpleaños!

Los padres de María quieren celebrar sus veinte años de matrimonio con una cena para los tres en casa. Antes de empezar a comer, el padre le dice a la madre:

—¿Abrimos aquella botella de vino tan caro que compramos cuando nos conocimos?

—Me encantaría. ¡Hoy sí que es un día especial!

El padre busca la botella pero no la encuentra. La madre busca la botella y no la encuentra. Al final, deciden preguntarle a María:

—María, ¡has visto aquella botella de vino que guardábamos para un día especial?

Y María contesta:

—Sí, la tiré. Estaba caducada desde el año 1993.

A la hora de la cena, un hombre le dice a su mujer:

—No sé qué pasa, pero en el trabajo cada día me dicen que estoy más loco.

—¿Y quién te dice eso? —pregunta la mujer.

Y el marido contesta:

—Los zombies, María. ¡Los malditos zombies!

Un niño está en el zoo con su abuelo, delante de las tortugas gigantes, y le pregunta:
—Abuelo, ¿sabes por qué las tortugas no van a la universidad?
—No, ¿por qué?
—Porque no acaban ninguna carrera.

Un abuelo llega a su casa, ve que hay una pera encima del televisor y le pregunta a su mujer:
—Oye, ¿por qué has puesto una pera encima del televisor?
Y la abuela contesta:
—Para tener antena *perabólica*.

La abuela está sentada en el sofá con su nieta:
—Abuela, cierra los ojos.
—¿Por qué, cariño? —pregunta la abuela.
—Porque papá me ha dicho que cuando cierres los ojos seremos millonarios.

Un médico le pregunta al abuelo:

—¿Cuántos años tiene?

Y el abuelo contesta:

—105 años.

—Vaya —continua el médio—. Es increíble. ¿Y por qué cree usted que ha vivido tanto?

Y el abuelo contesta:

—Porque dejé de fumar el año pasado.

@ @ @

Dos abuelos están sentados en un banco del parque, y uno le dice al otro:

—¿Qué vas a hacer hoy?

—Nada.

—Pero esto ya lo hiciste ayer.

—Ya, pero no terminé.

❂ ❂ ❂

Un señor mayor está en el aeropuerto, ve una máquina para pesarse, se sube y la máquina le dice:

—Usted pesa 80 kilos, está casado y vive en Madrid.

Intrigado, el señor se sienta delante de la máquina, ve a una señora que se sube y que le dice:

—Usted pesa 65 kilos, acaba de ser abuela y vive en Barcelona.

El abuelo continúa mirando cómo la gente se sube a la máquina durante un buen rato, y cuando decide volver a subir, la máquina le dice:

—Usted sigue pesando 80 kilos, continúa casado y acaba de perder su vuelo a Madrid.

En las urgencias de un hospital, una doctora mira los resultados de los análisis de un señor mayor y le dice:
—Vamos a tener que hacer una placa.
Y el señor mayor pregunta:
—¿De tórax?
—No —contesta la doctora—, de mármol.

🌀 🌀 🌀

Una niña le dice a su abuelo:
—¡Abuelo, estás muy gordo!
Y el abuelo contesta:
—¡Sí, como una tapia!

🌀 🌀 🌀

—Abuela, ¿cómo se hace la leche en polvo?
Y la abuela responde, tan tranquila:
—Rallando las vacas.

☙ ☙ ☙

Un abuelo está llorando en la parada del autobús, se le acerca una mujer y le pregunta:

—¿Por qué llora, señor?

—Porque mi papá me ha pegado —contesta el abuelo. Intrigada, la mujer le pregunta:

—Pero, ¿cuántos años tiene usted?

—¿Yo? 81 años.

—¿Y su padre? —vuelve a preguntar la mujer.

—Mi padre 114 años.

—¡Caramba! —dice la mujer, sorprendida—. ¿Y por qué le ha pegado?

—Porque le saqué la lengua a mi abuelito.

En la consulta de un médico, un hombre mayor le pregunta al doctor:
—¿Y cómo puedo conservar el poco pelo que me queda?
Y el doctor contesta:
—Guardándolo en una cajita.

🌀 🌀 🌀

Dos niños están estudiando en casa de la abuela de uno de ellos, y uno le dice al otro:

—Es complicado explicarle a mi abuela eso de los virus informáticos.

—¿Por qué? —pregunta el amigo.

—Porque ya ha metido dos veces el ratón en el frasco de jarabe para la tos.

🌀 🌀 🌀

Un niño le dice a su amigo:

—Mi abuelo vino de América para encontrar la libertad.

—¿Y lo consiguió? —pregunta el amigo.

—No. En el siguiente avión vino mi abuela.

Una señora mayor le dice a su amiga:
—Cuando era joven, cada vez que iba a una boda, todas mis amigas me decían: «La próxima serás tú», «la próxima serás tú».
Y su amiga le pregunta:
—¿Y cómo lo solucionaste?
—Ahora, cada vez que voy a un entierro con ellas les digo: «La próxima serás tú», «la próxima serás tú».

෧ ෧ ෧

Un niño y su abuelo están en un estadio de futbol, y el niño pregunta:
—¿A quién están insultando?
—Al de negro —contesta el abuelo.
Y el niño responde:
—No me extraña.
Llevamos media hora y todavía no ha tocado la pelota.

❀ ❀ ❀

Un abuelo le pregunta a su mujer:
—¡María! ¿Por qué has puesto el plato dentro del televisor?
Y María responde:
—Yo no he hecho eso.
—Vaya —dice el abuelo—, he estado veinte minutos mirando el microondas.

❀ ❀ ❀

Un niño está merendando con su abuela y le pregunta:
—Abuela, ¿las zanahorias son buenas para la vista?
Y la abuela contesta:
—Pues claro, ¿has visto alguna vez un conejo con gafas?

En pleno agosto, en la terraza de un bar, un abuelo le dice a su mujer:

—Feliz año nuevo.

—¿Feliz año nuevo? Pero si estamos en agosto.

Pero el abuelo vuelve a decir, un poco más alto:

—¡Feliz año nuevo!

—No seas pesado. ¡Que no es fin de año!

El abuelo, cansado, se pone la dentadura postiza y dice:

—¡Felisa, me muero!

ඔ ඔ ඔ

🌀 🌀 🌀

Durante las fiestas de Navidad, una pareja de abuelos pasea por la calle entre regalos, luces y tiendas engalanadas:

—¿Sabes cuál es el letrero más leído en Navidad?

—¿Felices fiestas?

—No. No se incluyen pilas.

🌀 🌀 🌀

En el portal de un edificio, un abuelo muy gracioso le pregunta a su nieta:

—¿Sabes lo que le dice un timbre a otro timbre?

—Ni idea, abuelo. ¿Qué le dice?

—Si me tocas, grito.

Un señor mayor le pregunta al médico:

—Doctor, no puedo recordar nada.

—Vaya —responde el doctor—. ¿Y desde cuándo tiene este problema?

Y el señor mayor responde:

—¿Qué problema?

@ @ @

Una mujer mayor le pregunta a un farmacéutico:

—Buenos días, quería unas gafas para leer.

—Pero si ayer le vendí unas —contesta el farmacéutico.

—Sí, pero ya me las he leído.

Dos abuelas, en una parada de frutas del mercado:
—Pues mi hijo deja a todos con la boca abierta.
—¿Ah sí? ¿Qué hace tu hijo?
—Es dentista.

🌀 🌀 🌀

El abuelo le pregunta a su nieto:
—¿Estudias mucho?
—Sí —contesta el nieto.
—¿Haces travesuras?
—No —contesta el nieto.
—¿Ayudas a tus padres?
—Sí —contesta el nieto.
—¿Tienes algún defecto?
—Sí —contesta el nieto—. Digo muchas mentiras.

🌀 🌀 🌀

Era un hombre tan viejo, tan viejo, tan viejo que en vez de traerlo la cigüeña, lo trajo un diplodocus.

Un niño está hablando por teléfono con su abuelo, y le dice:

—Abuelo, te noto muy contento. ¿Qué pasa?

—Que he roto un espejo —dice el abuelo.

—¡Oh, no! —dice el nieto—. ¡Pero eso son siete años de mala suerte!

Y el abuelo responde:

—Pues por eso. Siete años más, ¿no es fantástico?

Dos ancianas en el entierro del marido de una de ellas, y la viuda, triste, dice:

—Todavía oigo sus últimas palabras.

—¿Cuáles fueron?

—¡No muevas la escalera!

En la calle, de noche, al abuelo y a la abuela les sorprende un atracador, que les grita:
—¡La bolsa o la vida!
El abuelo, tranquilamente, le dice a su mujer:
—Anda «vida», vete con este señor.

@ @ @

Dos abuelas están merendando, y una le dice a la otra:
—Esta leche no está buena.
Y la otra responde:
—Y mañana Navidad.

@ @ @

Dos dentistas están tomando algo en la terraza de un bar, ven pasar a un anciano y uno le dice al otro:
—A ese hombre le operé yo.
—¿Y qué le sacaste? —pregunta el amigo.
—Cuatro mil euros.

Un niño le dice a su abuela:
—¡Abuela, el abuelo se ha caído!
Y la abuela pregunta:
—¿Lo has ayudado?
Y el nieto contesta:
—No, se ha caído solo.

@ @ @

Un nieto llega a casa de su abuela y le pregunta:
—Abuela, abuela, ¿me dejas ver el pie que papá dice
que tienes en el cementerio?

@ @ @

Un matrimonio de ancianos pasa por delante de un cine, y el abuelo le pregunta a la abuela:
—¿Entramos en el cine?
Y la abuela contesta:
—No, no, que vamos con demasiada frecuencia.
Y el abuelo responde:
—Ya, pero es que ahora es sonoro y en color.

Un nieto adolescente con los pantalones muy bajados y los calzoncillos a la vista entra en el comedor de casa de sus abuelos, y le dice a su abuela:
—¿Por qué me llamas Superman?
Y la abuela contesta:
—Porque siempre vas con los calzoncillos encima de los pantalones.

A la hora del patio, un niño le dice a su amiga:

—¿Sabes lo que le dicen dos teléfonos móviles a un teléfono fijo?

—No —contesta la amiga.

—¡Abuelo!

En el supermercado, el abuelo le dice a la abuela:

—Cariño, me he tirado un pedo silencioso. ¿Qué hago? Y la abuela le dice:

—Ahora nada, pero en casa cámbiale las pilas al audífono.

Ya tengo el ratón y he cerrado la ventana, pero no pasa nada.

En la sala de espera de un hospital, un hombre mayor le dice a otro:

—No me fío nada de los cirujanos.

—¿Por qué?

—Porque saben manejar cuchillos, se ponen máscara para que no los reconozcas y guantes para no dejar huellas.

La abuela, en la farmacia, le pregunta al farmacéutico:
—¿Qué tiene para las canas?
Y el farmacéutico contesta:
—Un gran respeto, señora. Un gran respeto.

Un hombre muy, muy mayor está en una isla desierta y se encuentra una botella con un mensaje dentro. Contentísimo, la abre y lee un papel que dice:
«Si no reenvías esta carta a 15 amigos antes de dos días, tendrás diez años de mala suerte».

El abuelo le dice al nieto:
—Pues ahora que tengo 80 años, hago las mismas cosas que cuando tenía 20.
Y el nieto contesta:
—¡Pues sí que eras vago!

ⓐ ⓐ ⓐ

Era un hombre tan viejo, tan viejo que cuando viajó al mar Muerto todavía estaba enfermo.

ⓐ ⓐ ⓐ

En plena noche, ya en la cama, la abuela despierta a su marido gritando:
—¡Juan, Juan, despierta!
—¿Qué pasa? —pregunta el abuelo medio dormido.
—¡Que te has olvidado tomar las pastillas para dormir!

ⓞ ⓞ ⓞ

Un niño le cuenta a su amigo:
—Cuando mi abuela tenía 60 años, el médico le dijo
que caminara tres kilómetros cada día.
—Pues si ahora tiene 90 años, ya debe de estar muy
lejos, ¿no?

ⓞ ⓞ ⓞ

El abuelo le dice a su hijo:
—Este reloj era de mi tatarabuelo. De mi tatarabuelo
pasó a mi bisabuelo. De mi bisabuelo pasó a mi abuelo.
De mi abuelo pasó a mi padre y de mi padre a mí.
Ahora quiero que sea tuyo. Te lo vendo.

Un chico acaba de encontrar su primer trabajo y le dice a su abuelo:

—Abuelo, he encontrado trabajo de traductor de inglés.

Y el abuelo pregunta…

—¿Trabajo estable?

Y el nieto contesta:

—No, abuelo. *Table* es mesa. Trabajo es *job*.

൭ ൭ ൭

Sentados en el banco de un parque, un abuelo le dice a su nieta:

—Donde yo nací, la iglesia estaba tan tan lejos, que no iba ni Dios.

൭ ൭ ൭

Tomando el desayuno, el abuelo le pregunta a la abuela:

—Cariño, si yo me muero, ¿llorarás mucho por mí?

—Claro —responde la abuela—, ya sabes que lloro por cualquier tontería.

๑ ๑ ๑

Un niño llama a casa de sus abuelos y salta el contestador:

—Hola, ahora no estamos. Si necesitáis canguro, marcad el 1. Si queréis nuestro coche, marcad el 2. Si queréis la casa de la montaña, marcad el 3. Si queréis que vayamos a buscar a los niños al cole, marcad 4. Si necesitáis dinero, marcad 5. Si nos queréis invitar a cenar, hablad directamente que os estamos escuchando.

El doctor llama a la abuela y le dice:

—Tengo una noticia buena y otra mala.

—¿Cuál es la buena? —pregunta la abuela.

—Que le quedan 24 horas de vida.

—¿Y la mala?

—Que llevo intentando localizarla desde ayer.

@ @ @

—¡Mamá, mamá! ¿La abuela es fosforescente?

—No, hijo —contesta la madre.

—Entonces se está electrocutando.

@ @ @

Una pareja se va a casar. Él tiene 90 años y ella 85 y entran en una farmacia. El abuelo pregunta al farmacéutico:

—¿Tienen remedios para el corazón?

—Sí —dice el farmacéutico.

—¿Y para la tensión?

—Sí.

—¿Y para el reuma?

—También.

—¿Y para la artritis?

—Sí.

—¿Y para la vista?

—También.

Entonces, el novio mira a la novia y le dice:

—Cariño, ¿qué te parece si hacemos aquí la lista de bodas?

๑ ๑ ๑

En la granja, el abuelo le dice a la abuela:

—Mañana hace 50 años que nos casamos y voy a matar un pollo para celebrarlo.

Y la abuela contesta:

—Mata a tu prima, que es quien nos presentó.

Los hermanos y sus amigos

Los mejores chistes sobre nuestros hermanos y sus compis

Tonto y Nadie eran dos hermanitos. Un día, Nadie se puso enfermo y Tonto llamó al médico. Al llegar, el médico preguntó:

—¿Quién está enfermo?

—Nadie —contestó Tonto.

El doctor, enfadado, preguntó:

—¿Tú eres tonto?

Y Tonto le dijo:

—Sí, mucho gusto.

✳✳✳

Delante del ordenador, un chico le comenta a su amigo:

—Mi madre es como el antivirus del ordenador

—¿Por qué? —pregunta el amigo.

—Porque me lo revisa todo, me machaca la memoria y siempre está con los mensajes de alerta.

✳✳✳

Delante de una tienda de fotografía, el hermano mayor le pregunta a su hermano pequeño:
—¿Sabes cuál es el colmo de un fotógrafo?
—No —contesta el pequeño—. ¿Cuál?
—Que su hijo se rebele.

✳✳✳

En el baño, la hermana mayor le pregunta a su hermanito:
—¿Sabes qué se pone Superman cuando sale de la ducha?
—No —contesta el hermanito.
—Super-fume.

Un chico de 18 años está a punto de empezar a trabajar en una empresa, y el jefe le dice:
—Cobrarás mil euros, y si todo va bien, dentro de seis meses cobrarás dos mil.
Y el chico contesta:
—Vale. Pues ya volveré dentro de seis meses.

***

El hermano mayor y el menor están haciendo los deberes en la misma mesa, y el mayor pregunta:
—¿Sabes cuál es el colmo de una ballena?
—Ni idea —contesta el pequeño.
—Que vaya vacía.

***

Dos chicos a punto de acabar el instituto hablan sobre el futuro:
—¿Y tú a qué te dedicarás? —pregunta uno.
—Mi trabajo obligará a la gente a hacer grandes colas y todos se alegrarán cuando me vean llegar.
—¡Qué interesante! ¿Qué carrera escogerás?
—Seré conductor de autobús.

***

La hermana mayor ve a su hermano pequeño delante del ordenador con los ojos cerrados, y le pregunta:
—Oye, ¿qué haces con los ojos cerrados?
Y el hermanito le contesta:
—Es que Windows me dijo que cerrara todas las pestañas.

Dos chavales están esperando el autobús y uno le dice al otro:

—Mi hermano está tan gordo, que cuando se sube a la balanza en la pantalla dice: «continuará».

*** ***

Los mismos chavales, en la parada del autobús:

—Pues mi hermana es tan fea, que ayer fue a una tienda de disfraces para comprarse una máscara, y solo le vendieron las gomas.

*** ***

Un niño de unos ocho años y su amiga están jugando al parchís en el suelo del comedor. En el sofá está su hermano mayor concentradísimo con su teléfono.

—Lleva dos semanas sin levantar la cabeza —le dice el niño a su amiga.

—¿Está enfermo?

—¡Qué va! Tiene WhatsApp.

✳✳✳

Un niño va a la consulta del médico y le dice:

—Doctor, odio a mi hermano pequeño. Odio a mi hermana pequeña. Odio a mi hermana mayor y a mi hermano mayor.

El doctor pregunta:

—¿Y por qué me explicas todo eso?

—Porque usted es el médico del odio, ¿no?

Y el médico contesta:

—Del odio no, niño. ¡Del oído!

Un chico llama por teléfono a su novia Carolina, se pone su hermano pequeño y le pregunta:
—Hola, ¿está Caro?
Y el hermano, chistoso, le responde:
—No, está de oferta.

***

El mayor de los hermanos llega muy tarde a su casa, su madre le sorprende y le dice, enfadada:
—¡Supongo que hay alguna razón para que vengas a las seis de la mañana!
—Sí —contesta el hijo—, el desayuno.

***

Dos amigos, caminando por la calle, se cruzan con una señora con un poco de pelo en el labio superior:
—¡Mira Carlitos una mujer con bigote!
—Calla tío, que es mi madre.
—Pues que bien le queda, tío.

En un concurso de natación en el mar, a punto de empezar, un niño les dice a sus amigos:

—Tú nadarás a braza, tú nadarás a mariposa y yo nadaré a mejillón.

—¿Mejillón? —pregunta el amigo.

—Sí, pegado a las rocas.

***

Un chico chino acaba de sacarse el carnet de conducir y le dice a su hermano:

—Me he «complado» un coche nuevo. «Mila», es ése de ahí.

—¡Oh! —exclama el hermano—. ¿Y qué «malca» es?

—Alfa.

—«¿Lomeo?»

—Como lo mees, te «acoldalás» de mí.

Una niña está haciendo los deberes y le pregunta a su hermana:

—María, ¿tú sabes por qué las gallinas ponen huevos?

—Claro —contesta la hermana—, porque si los tiraran se romperían.

***

El padre le dice al hijo:

—Si ves a tu hermano dile que venga.

Y el hijo contesta:

—Y si no lo veo, ¿qué le digo?

***

Dos chavales están haciendo los deberes de matemáticas:
—¿Qué te da el último problema?
—Infinito.
Y el niño, sobrado, contesta:
—¿Solo?

***

Un chico llega a su casa y les dice a su hermano:
—¿Te has enterado? Han atracado el banco de la esquina y han detenido a un ciego que vendía cupones.
—¿Ha sido él? —pregunta el hermano.
—No sé, pero lo han soltado muy rápido porque no tenía nada que ver.

***

Había un chico tan, pero tan feo, que los ratones se comieron su pasaporte y dejaron la foto.

Un niño le dice a su amigo:

—Juan, ¿por cuánto me compras a mi hermana?

—¿A tu hermana? —dice Juan—. No la quiero. No te la compro por nada.

Y el niño dice:

—De acuerdo. Trato hecho.

✳✳✳

A la hora del recreo una niña está en un rincón, triste y con una flor en la mano, y le dice a su amiga:

—Mi novio me ha regalado esta flor y me ha dicho que nos veremos otra vez cuando le caigan los pétalos.

—¿Y por eso estás triste?

—Sí, porque la flor es de plástico.

✱✱✱

A la salida de un instituto, un chico le pregunta a su amigo chino:
—Oye, ¿cómo se dice espejo en chino?
Y el chino contesta:
—Ahí toy yo.

✱✱✱

En el baile del instituto, un chico le pregunta a una chica:
—¿Bailas?
La chica, contentísima, le responde:
—¡Sí!
Y el chico le dice:
—Perfecto, entonces me llevo la silla, ¿vale?

Dos hermanos están jugando a fútbol, y uno le pregunta al otro:

—¿Sabes cuál es el colmo de un futbolista?

—No.

—Tener un hijo pelota.

***

El hermano mayor acaba de pisar las muñecas de su hermana pequeña, y esta le dice:

—¿Eres tonto o qué?

Y el hermano contesta:

—Yo soy qué, ¿y tú?

***

Paseando por la calle, un chico le dice a su amigo:
—Estoy entre la espada y la pared.
—¿Ah, sí? ¿Por qué?
—Porque no sé si estudiar esgrima o para albañil.

***

Una chica adolescente está delante del espejo,
maquillándose, y su hermana pequeña le pregunta:
—Oye, ¿por qué haces eso?
Y la hermana dice:
—Para estar más guapa.
La niña se queda mirándola un rato y le pregunta:
—¿Y cuándo hace efecto?

***

El hermano mayor le pregunta al pequeño:
—¿Sabes cómo dejar a un tonto intrigado?
—No —contesta el pequeño—. ¿Cómo?
—Mañana te lo cuento.

Una madre le dice a su hija:

—Deberías hacer como tu hermano. ¡Fíjate cómo estudia!

Y la hija contesta:

—No sé por qué lo dices. Yo soy más estudiosa que él. ¡Hasta he repetido cuarto tres veces!

✳✳✳

Un chico entra en la panadería y dice:

—Una barra de pan, por favor. Y si tiene huevos, una docena.

Y el chico se fue con trece barras de pan.

✳✳✳

Dos estudiantes universitarias están estudiando y viendo una carrera de caballos por la tele, y una le dice a la otra:

—A mí me deprime ver las carreras de caballos.

—¿Por qué?

—Porque hasta los caballos logran terminar su carrera.

—¿Sabes qué? Ayer me llamó el Rey de España.
—¡Uala! ¡Sí que eres importante! ¿Y qué te dijo?
—Nada, que se había equivocado de número.

***

En el instituto, delante de toda la clase, el chico más gamberro dice:
—Yo quiero ser el delegado de curso.
—Pero Juan —dice el maestro—, para este puesto necesitamos a alguien responsable.
Y Juan responde:
—Por eso. En todas las escuelas donde he estado siempre que pasaba algo, yo era el responsable.

Una niña pequeña está mirando dibujos animados con su hermano mayor y le pregunta:

—¿Cómo se llama el papá del Pato Donald?

Y el hermano mayor contesta:

—Donald Berto.

***

La hermana mayor le quiere tomar el pelo a su hermanito y le pregunta:

—¿Sabes cómo se le dice a una niña que se baje de la moto, en árabe?

—Ni idea —contesta su hermano.

—*Maja, baja ya de la Yamaha.*

***

✳✳✳

Una niña le pregunta a su amiga:

—¿Cómo se encuentra tu hermana?

—Mejor.

—¿Y ya la cuidáis? —vuelve a preguntar la amiga.

—Claro —contesta la niña—. La mimamos, la animamos y le decimos cosas bonitas, pero nos gastamos mucho dinero en queso en lonchas.

—¿Queso en lonchas? ¿Y eso por qué?

Y la niña contesta:

—Porque es la única comida que pasa por debajo de la puerta.

Una niña le pregunta a su amiga:

—¿De verdad que sois diez hermanas?

—Sí —contesta la amiga.

—¿Y vuestra madre os daba de comer a las diez?

Y la amiga contesta:

—A las diez, a las once... cuando podía.

***

El hermano mayor le pregunta al hermano pequeño:

—¿Sabes cuál es el colmo de Aladino?

—No sé —responde—. ¿Cuál?

—Tener mal genio.

***

—¿Cómo se debe de decir en chino «comida rápida»?
Y el hermano mayor contesta:
—Ya tá.

En el autobús, una chica le comenta a su amiga:

—¿Sabes que mi hermano abrió un negocio?

—¿Ah sí? —dice la amiga—. ¡Pero si no tenía ni un euro!

—Por eso. Abrió un negocio con una palanca y se metió dentro.

***

En el instituto, una chica muy, muy, muy presumida está comiendo una gran caja de bombones, y su amiga le pregunta:

—¿Por qué siempre estás comiendo bombones?

Y la chica responde:

—¿No lo has oído? Somos lo que comemos.

Un niño le dice a su madre:

—Mamá, ¿me das cinco euros?

Y la madre contesta:

—¡Cuatro euros! ¿Para qué quieres tres euros si con dos ya tienes bastante? Mira, toma un euro, pero lo compartes con tu hermano y me devuelves el cambio.

***

En una sala de la escuela, un niño castigado le pregunta a otro niño castigado:

—¿Y tú por qué estás aquí?

Y el otro niño contesta:

—Porque no me dejan salir.

***

Dos amigas, sentadas sobre la cama:

—Tía, mi madre es como Google.

—¿Por qué?

—Porque no he acabado de decir una frase y ya está ella acabándola y dándome sugerencias.

***

El hermano mayor lleva a su hermanita a ver un partido de fútbol. La niña ve que toda la gente del público lleva una escopeta y que cada vez que su equipo marca, todos disparan al aire para celebrarlo.

—Y cuando marca el equipo contrario, ¿qué pasa? —pregunta la niña.

Y el hermano, serio, contesta:

—Eso aquí no ha pasado nunca.

En clase, un niño le pregunta a su compañero de pupitre:
—¿Sabías que James Bond tiene un hermano ladrón?
—¿James Bond? —pregunta el amigo—. ¿El agente secreto?
—Sí.
—¿Y cómo se llama, el hermano de James Bond?
Y el amigo contesta:
—Bri Bond.

✳✳✳

En el Museo del Prado, dos hermanos están delante de dos estatuas y el hermano mayor le dice a su hermanita:
—¿Sabes lo que le dice una estatua a la otra?
—No.
—¡Qué cara más dura tienes!

En el lavabo de casa, la hermana pequeña le dice a la mayor:

—María, veo manchas negras.

La hermana mayor le pregunta:

—¿Y ya has visto al oculista?

—No, María. Solo manchas negras.

***

Un adolescente se acerca a la chica que le gusta y le pregunta:

—Hola, ¿te llamas Google?

—No —contesta la chica—. ¿Por qué?

Y el chico contesta:

—Porque tienes todo lo que busco.

El primer día de instituto un niño llega a su casa y le dice a su padre:

—Tengo un profe de mates genial.

—¿Por qué? —pregunta el padre—. ¿Es bueno?

—Mucho. Se pasa la clase durmiendo.

—¿Y tú qué haces?

Y el hijo responde:

—Yo le ayudo.

***

Un niño adolescente le dice a su padre:

—Papá, hoy me he levantado con muchas ganas de trabajar.

—Muy bien, hijo —le dice el padre—. ¿Y qué vas a hacer?

Y el hijo contesta:

—Me vuelvo a la cama, a ver si se me pasa.

✳✳✳

Dos hermanas quiere comprarle una cruz de oro a su madre porque es su cumpleaños; la mayor va a una joyería y le pregunta al encargado:

—¿Cuánto vale esa cruz?

Y el encargado dice:

—Mil euros.

—Es cara.

—No —contesta el encargado—. Es cruz.

✳✳✳

Un amigo visita a Juanito a su casa y le pregunta:

—¿Por qué has puesto la tele en el baño?

Y Juanito contesta:

—Porque se ve que te cagas.

En clase de educación física una niña se acerca resoplando al profesor y le pregunta:
—Profe, creo que soy asmática. ¿Es grave?
Y el profesor le contesta:
—No, es esdrújula.

✝✝✝

En clase de historia, la profesora le pregunta a María:
—¿En que batalla murió Napoleón?
Y María contesta:
—En la última.

✝✝✝

Quería hablarle de la falta de atención de su hijo en clase…

+++

En clase de lengua la profesora le pregunta a Pepito:
—A ver Pepito, ¿cómo se escribe, «dormiendo» o «durmiendo»?
Y Pepito contesta:
—Ninguna de las dos, seño. Se escribe despierto.

+++

En el patio de la escuela, dos niños están leyendo un cómic de Superman, y uno le pregunta al otro:
—¿Dónde cuelga la ropa Superman, cuando se transforma?
Y el amigo contesta:
—En Súper-chero.

En clase de geografía el profesor le pregunta a Susanita:

—¿En qué estado encontramos el río Ebro?

Y Susanita contesta:

—En estado líquido.

+++

En clase de dibujo una niña está pintando toda la página de color gris, y la maestra le pregunta:

—He dicho que pintéis vacas, Julia. ¿Dónde están?

Y Julia contesta:

—Detrás de la niebla.

+++

✝✝✝

En el patio dos amigas están estudiando pocos minutos antes del examen, se les acerca un profesor y les pregunta:

—A ver si sabéis esta: ¿Dónde se firmó la Declaración de Independencia?

Una de las niñas, impasible, le contesta:

—Fácil. En la última página.

✝✝✝

En clase de lengua, la profesora le pregunta a Carlitos:

—Calcetines es plural, pero ¿de qué género?

Y Carlitos contesta:

—¿De lana?

En clase, un profesor muy gracioso les pregunta a sus alumnos:

—A ver, ¿quién sabe en qué mes los alumnos dicen menos tonterías?

Ningún alumno sabe la respuesta, y el maestro les dice:

—En febrero, porque solo tiene 28 días.

✝✝✝

Era un alumno tan aplicado, tan aplicado, tan aplicado, que cuando el profesor borraba la pizarra, él borraba los apuntes de su cuaderno.

✝✝✝

Delante de la escuela, el conserje, enfadadísimo, le dice a una madre:
—Señora, su hijo le ha sacado la lengua a una niña.
—¡Pues no hay para tanto!
Y el conserje le responde:
—¡Porque usted no vio cómo sangraba!

+++

Un niño acaba de hacer una travesura en el patio de la escuela, y va el director y le dice:
—Dame tu nombre.
Y el niño contesta:
—Si hombre, si se lo doy, ¿cómo me voy a llamar?

+++

Un niño le enseña los deberes a su profesor, y este le dice:
—¿Qué es esto, Juanito? Le falta la presentación.
Y Juanito, gritando:
—¡Señoras y señores, niños y niñas, con todos ustedes, los deberes!

En clase de naturales, la profesora, delante de un globo terráqueo, les pregunta a sus alumnos:

—¿Qué pasaría si la Tierra, en vez de ser redonda, fuera un cubo?

Y una niña contesta:

—¡Que todos seríamos cubanos!

✝✝✝

En clase de naturales, un niño le pregunta a la profesora:

—Seño, ¿por qué las ciruelas negras son rojas cuando están verdes?

✝✝✝

+++

De vuelta de vacaciones, el director de la escuela se encuentra con Anita y le pregunta:

—¿Qué tal tus vacaciones en Brasil?

Y Anita contesta:

—Fatal. Todos los brasileños son sucios y futbolistas.

—¡Eh! —le dice el director—, que mi madre es brasileña.

Y Anita contesta:

—¿Y en qué equipo juega?

La profesora de matemáticas pregunta a Clara:

—¿Cuánto es cinco por ocho?

—Cuarenta —contesta Clara.

—Muy bien, ¿y ocho por cinco?

Y Clara contesta:

—Atnerauc.

✝✝✝

En la última fila de la clase, Carlitos le pregunta a Jaimito:

—¿Sabes cuál es el colmo de un pitufo?

—Ni idea.

—Quedarse en blanco en un examen.

✝✝✝

El primer día de cole, el director se encuentra con un alumno y le pregunta:
—¿Cómo te llamas?
Y el alumno contesta:
—Yo no me llamo nunca.

✝✝✝

El último día de curso, antes de abandonar para siempre el instituto, el director le pregunta a Juanito:
—¿Has sido feliz en el instituto?
—Sí, señor director —contesta Juanito.
—Y ahora ¿qué vas a hacer? —vuelve a preguntar el director.
Y Juanito contesta:
—Ser mucho más feliz, señor director.

En la secretaría de la escuela, el teléfono no para de sonar y el director le dice a su secretaria:

—¿Por qué no coges el teléfono?

Y la secretaria contesta:

—¿Para qué? Todas las llamadas son para usted.

+ + +

En clase de mates, la maestra le pregunta a Clara:

—A ver Clara, si tengo cuatro euros en el bolsillo y se me caen dos, ¿qué tengo ahora en el bolsillo?

Y Clara contesta:

—Un agujero, señorita.

+ + +

En la clase de gimnasia, un niño le dice a su profesor:

—Yo hago los cien metros en cinco segundos.

—Eso es imposible —dice el profesor—. Nadie puede hacerlo.

—Yo sí, porque he encontrado un atajo.

Delante de la escuela, un niño está llorando, se le acerca el bedel y le dice:
—No llores, que te vas a poner muy feo.
Y el niño contesta:
—Jolín, pues vaya rabietas debía de pillar usted.

+++

De excursión, el monitor del campamento le pregunta a Jorge:
—A ver Jorge, si delante tienes el norte, a la derecha el este y a la izquierda el oeste, ¿qué tienes detrás?
Y Jorge contesta:
—La mochila, profe.

+++

En clase de historia, el profesor pregunta a Lucía:
—¿Cuándo cayó el Imperio Romano?
Y Lucía contesta:
—Cuando lo empujaron.

A la hora del recreo un alumno hace mucho ruido imitando una moto. Molesto, el director del cole le dice al amigo de ese alumno:

—Oye, ¿le puedes decir a tu amigo que deje de hacer eso?

El niño contesta:

—¿Le molesta el ruido que hace?

—No —contesta el director—, lo que me molesta es el humo.

✝✝✝

En una reunión de padres, una madre le pregunta a la profesora:

—Hola, ¿nos conocemos? He visto su cara en otra parte.

Y la profesora contesta:

—No creo, siempre la he tenido en el mismo sitio.

+ + +

Un profesor de lengua está andando por la calle y se
encuentra con un ladrón, que le dice:

—¡Levante la mano!

El profesor, contrariado, le responde:

—Soy profesor de lengua, señor. Tendría que haber
dicho: «Levante las manos».

El ladrón, enfadado, le responde:

—¿Quién es el ladrón aquí, usted o yo?

Pero el profesor continúa diciendo:

—Si usted me dice «levante la mano», yo solo voy a
levantar una mano.

Y el ladrón, harto, le contesta:

—¡Pues por eso! Levante una mano, y con la otra me
da la cartera.

En la entrada de la escuela, una niña espera a su madre jugando con un avión de papel, sale el conserje y le pregunta:

—Te gustan mucho los aviones, ¿verdad?

—Sí —contesta la niña.

—¿Y por qué? —vuelve a preguntar el conserje.

—Porque con los aviones el tiempo se me pasa volando.

En clase de religión, un niño le dice al profesor:
—Mi padre también dice siempre que es mejor dar que recibir.
—Muy bien, Luis. Tu padre es un hombre bueno.
—No, mi padre es boxeador.

+++

En clase de física, la profesora le pregunta a una alumna:
—¿A cuánto hierve el agua?
Y la alumna contesta:
—A 90 grados, señorita.
Mientras, al fondo de la clase, Juanito le dice a su compañero:
—Qué tonta, lo que hierve a 90 grados es el ángulo recto.

+++

De excursión al zoo, la maestra le grita a Pedrito:
—¡No te acerques a la jaula del león!
Y Pedrito contesta:
—No se preocupe, señorita. No le voy a hacer nada.

En clase de naturales, la profesora explica que las hienas comen carne de animales muertos, se pasan andando todo el día y no paran de reírse.
Jaimito, extrañado, pregunta:
—Las hienas, con lo mucho que se cansan y con lo que comen, ¿de qué se ríen?

✝ ✝ ✝

+ + +

El primer día de instituto, el director da la bienvenida a todos los alumnos del centro. En un banco de la sala, un alumno le dice a su amigo:

—¿Lo ves? La luz viaja más rápido que el sonido.

—¿Qué tiene que ver eso con lo que dice el director? Y el niño contesta:

—Pues porque algunas personas parecen brillantes hasta que hablan.

+ + +

Una maestra muy exagerada, les dice a sus alumnos más pequeños:

—Había una vez un país tan pobre, tan pobre, tan pobre, que hasta el arco iris salía en blanco y negro.

En clase de educación física, durante un partido de fútbol, el monitor riñe a un alumno por dar patadas. El alumno se va corriendo al vestuario pero vuelve al cabo de diez minutos recién duchado y peinado.

—¿Qué haces? —pregunta el profesor—. ¿Por qué te has duchado?

Y el niño contesta:

—Porque usted me ha dicho que jugara limpio.

✝ ✝ ✝

✝✝✝

En clase de educación física, Pablito se toca la pierna y le dice al profesor:

—Profe, es que me sigue doliendo.

El profesor, sin mirarlo, dice:

—Doliendo, no le sigas.

✝✝✝

En la pista de un aeropuerto un instructor le dice a su alumno:

—Estás expulsado del equipo de paracaidismo.

—¿Por qué? —pregunta el alumno.

Y el instructor contesta:

—Porque no me caes bien.

En clase de matemáticas, la maestra pregunta:

—Si tenéis una moneda y le pedís otra a vuestro padre, ¿cuántas tenéis en total?

Una niña se levanta y dice:

—Una moneda, señorita.

—¿Una? —pregunta la maestra—. ¿Es que no conoces las matemáticas?

Y la niña contesta:

—Sí, pero usted no conoce a mi padre.

✚ ✚ ✚

En la biblioteca, un niño está comiendo y bebiendo mientras estudia, y la bibliotecaria le dice:

—Carlitos, ya sabes que no se puede comer cuando se estudia.

Y Carlitos responde:

—No se preocupe, no estoy estudiando.

+++

En clase de educación física, el entrenador pone en fila a los niños y, harto de que un niño no pare de hablar, le dice:

—Carlitos, ¿cómo se llama a la persona que continúa hablando cuando los demás no están interesados?

Y Carlitos responde:

—¿Entrenador?

+++

En el autobús del cole, una niña le dice al conductor:

—Por favor, déjeme en el semáforo.

Y el conductor contesta:

—Yo te dejo en la esquina. Al semáforo te subes tú solita.

Los alumnos del instituto están presentando sus proyectos de final de curso y la maestra le pregunta a Juan:

—¿Qué proyecto has hecho?

—He inventado un aparato que sirve para atravesar las paredes —contesta Juan.

—¿Ah sí? —responde sorprendida la maestra—.
¿Y cómo lo vas a llamar?

Y Juan contesta:

—Puerta.

+ + +

El primer día de escuela, la madre de Carlitos le dice:

—Cuando te pregunten cuántos años tienes, les dices 6 añitos. Cuando te pregunten tu nombre, les dices Carlitos. Y si te preguntan si sabes leer, les dices que un poquito, ¿de acuerdo?

—Vale —contesta Carlitos.

Ya en el cole la profesora le pregunta a Carlitos, y él contesta a todo pero en el orden que se lo ha enseñado su madre:

—¿Cómo te llamas?

—6 añitos.

—¿Cuántos años tienes?

—Carlitos.

—¿Me estás tomando el pelo?

—Un poquito.

✝✝✝

Un niño llega a la biblioteca de la escuela y le dice a la bibliotecaria:

—Creía que todos los libros eran digitales.

Y la bibliotecaria le contesta:

—Y lo son. Te chupas un poco el dedito y vas pasando páginas.

Los adultos y sus profesiones

Los mejores chistes sobre los niños y los médicos, camareros, bomberos y otros profesionales

En la calle, un policía local para a dos chicas y les dice:
—Papeles.
Y una de las chicas contesta:
—Tijeras. Gano yo.

# # #

En la sala de operaciones de un hospital, un paciente le pregunta a un médico que se le acerca con un gran mazo:
—¿Quién es usted?
Y el médico contesta:
—El anestesista.

# # #

Una mujer entra en una farmacia y le pregunta al farmacéutico:

—¿Me da un supositorio, por favor?

Y el farmacéutico responde:

—Claro. ¿Se lo envuelvo o se lo lleva puesto?

En un restaurante, el cliente le dice al cocinero:

—Tengo un problema. Me gustan las mujeres.

El cocinero le contesta:

—No pasa nada. Eso es normal.

Y el cliente le dice:

—Ya, pero es que me gustan con patatas.

Un hombre va al dentista y le dice:

—Tengo los dientes amarillos. ¿Qué me recomienda?

Y el dentista contesta:

—Corbata marrón.

Un hombre le dice a su vecino:

—¿Qué tal ese relojero que te recomendé?

Y el vecino contesta:

—Fatal. En vez de darme la hora, me la pregunta.

###

Nueve de cada diez dentistas recomiendan lavarse los dientes.

Una niña ha abierto la puerta a un cobrador del frac y le dice:
—No, mi madre no está.
—¿Y tu padre? —pregunta el cobrador.
—No. También se ha escondido.

Un hombre llega al ayuntamiento y le pregunta al guardia de seguridad:
—Perdone, ¿por la tarde no trabajan?
Y el de seguridad contesta:
—No. Por la tarde no vienen. Cuando no trabajan es por la mañana.

Un niño entra en una farmacia y dice:
—Buenos días, ¿tienen desodorante de bolita?
—No —contesta el farmacéutico—. Tenemos desodorante de axilita.

Un taxista de ciudad llega a un pueblo y le pregunta a uno de sus habitantes:

—¿Aquí tienen cabras negras?

—No —responde el hombre.

—¿Y caballos negros?

—Tampoco.

—¿Y ovejas negras?

—Tampoco.

—Vaya —dice el taxista—, entonces he atropellado al cura.

# # #

En un restaurante, el cliente le dice al camarero:
—Oiga, hay una mosca en mi sopa.
Y el camarero le responde:
—No se preocupe. La araña que hay en el pan seguro que se la come.

Un policía para a una pareja que va en coche y le dice al marido:
—Permiso de conducir.
Y el marido le dice a su mujer:
—María, pasa detrás que este señor quiere conducir.

Un pintor hace su primera exposición de cuadros,
cuando llega su antiguo profesor de pintura y le dice:
—¿Has pintado tú estos cuadros?
—Sí —dice el pintor.
—Me recuerdan a Mozart.
—¿A Mozart? Pero si Mozart no era pintor.
Y el profesor contesta:
—Pues por eso.

En un restaurante de lujo, un hombre está leyendo los precios de los platos, y le pregunta al camarero:
—Oiga, ¿aquí hacen descuentos a los colegas de profesión?
El camarero le dice:
—Vaya, ¿usted también es camarero?
—No, soy ladrón.

#

Un hombre entra en un bar, y mientras se dirige a la barra ve que todos lo miran. Cuando llega, el camarero le dice:
—Usted es bombero, ¿verdad?
El hombre, sorprendido, le pregunta:
—¿Cómo lo ha sabido?
Y el camarero responde:
—Por su forma de andar, por su mirada inquieta, ¡ah! Y también por las botas, el casco, la manguera y el extintor.

Llaman a la puerta, abre una niña y grita:

—¡Mamá, es el recaudador de impuestos!

Y la mamá le contesta:

—Muy bien, cariño. Ofrécele una silla al señor.

Y la niña responde:

—¡Ya lo he hecho, pero es que las quiere todas!

Entra un esqueleto en un bar y dice:

—¿Me da una cerveza y una fregona, por favor?

Dos hombres sentados en un banco del parque en pleno otoño, con el suelo lleno de hojas secas:

—El otoño me vuelve loco. Es demasiado para mí.

—¿Por qué? —pregunta—. ¿Es poeta? ¿Es alérgico?

—No, soy barrendero.

Un chico que busca trabajo ve un anuncio donde piden taladores de árboles y, decidido, decide presentarse.

—¿Sabe usted talar árboles? —le pregunta el encargado.

—Claro —miente el chico.

—¿Tiene usted experiencia? —vuelve a preguntar el encargado.

—Claro —responde el chico—. Me he pasado la vida talando árboles.

—¿Y dónde ha trabajado antes?

—En el desierto del Sáhara.

—¿En el Sáhara? ¡Pero si ahí no hay árboles!

Y el chico contesta:

—Por eso. No sabe usted lo que nos costó.

Un hombre llega corriendo a la consulta del médico y dice:

—¡Doctor, doctor, vengo a que me ausculte!

Y el doctor contesta:

—¡«Ráspido, ráspido», métase en el armario!

✿ ✿ ✿

En el patio de la cárcel, dos presos están paseando y uno de ellos está muy enfadado.

—Estoy de muy mal humor.

—¿Por qué? —pregunta su compañero.

—Porque tengo veinte años y me han echado treinta.

* * *

Un niño le pregunta a su amiga:
—¿De qué trabaja tu padre?
—Es banquero —contesta la niña.
—Entonces, debe de ganar mucho dinero.
Y la niña le dice:
—¡Qué va! El negocio de la madera está fatal.

* * *

Un electricista va a hacer una reparación a una de
las salas del hospital donde hay varios enfermos
conectados a las máquinas, y les dice:
—Aguanten la respiración un minuto que voy a quitar
la luz.

Una señora le pregunta al conductor del autobús:

—Perdone, ¿qué puedo tomar para ir al cementerio?

Y el conductor le contesta:

—Veneno, señora. Mucho veneno.

# # #

Un chico que ha estudiado para ser astronauta pasea con su novia por la calle y le dice:

—La semana que viene voy a Marte.

Y la chica le pregunta:

—¿Y por que no me amas hoy?

# # #

\# \# \#

Una niña entra en una papelería y le dice al dependiente:

—¿Me da una caja de plumillas?

—¿Con compás? —pregunta el vendedor.

Y la niña dice:

—Me-da-u-na-ca-ja-de-plu-mi-llas.

En un restaurante un cliente llama al camarero y le pregunta:

—¿El pescado viene solo?

Y el camarero responde:

—No, se lo traigo yo.

Un hombre va al médico y le dice:

—Doctor, tengo el estómago sucio.

—¿Y cómo lo sabe? —pregunta el doctor.

—Porque me froto la barriga y salen pelotillas.

Un hombre está en un despacho lujosísimo de un abogado y pregunta:

—¿Mil euros por tres preguntas? Un poco caro, ¿no?

Y el abogado contesta, muy serio:

—Pues sí. ¿Cuál es su tercera pregunta?

Una señora muy fea entra en una ferretería y dice:

—¿Me da una escoba?

Y el vendedor le contesta:

—¿Se la envuelvo o se la lleva volando?

Un chico llama a la pizzería y le dicen:

—Pizzería, ¿qué quería?

Y el chico responde, enfadado:

—Ensaimadas, no te digo…

Un policía le pregunta al ladrón:

—¿Por qué le robó el reloj a la señora?

Y el ladrón contesta:

—Yo no se lo robé. Me lo dio ella.

El policía vuelve a preguntar:

—¿En qué momento se lo dio?

Y el ladrón contesta:

—Cuando le enseñé la pistola.

—¡Doctor, doctor, no puedo tener hijos! ¿Qué me pasa?

—Que es usted un hombre.

#

Caminando por la calle, un chico se encuentra a un médico y le dice:

—Doctor, ¿se acuerda de mí?

Y el doctor le contesta:

—Claro que me acuerdo. Yo le operé la mano. ¡Choque esos cuatro!

#

Una chica va al oculista y, delante de un póster lleno de letras, le preguntan:

—¿Qué letra es esta que señalo con el dedo?

Y la chica responde:

—¿Qué dedo?

En la cola de la panadería, una mujer le pregunta a su amiga:

—¿Tú crees que se pueden tener hijos después de los cuarenta?

Y la amiga responde:

—Mujer, yo creo que cuarenta ya son muchos hijos, ¿no crees?

En unas oficinas, un empleado está en el despacho del director y le dice:

—Jefe, súbame el sueldo. Valóreme como me merezco. Hay tres empresas que me persiguen.

—¿Ah, sí? —pregunta el jefe—. ¿Cuáles?

—La de la luz, la del gas y la del agua de mi casa.

\# \# \#

Una mujer va al médico y le dice:

—Tengo un problema. Mi marido cree que es una nevera.

—¿Y qué? —responde el médico—. ¿Por qué le molesta eso?

Y la mujer le dice:

—Pues porque duerme con la boca abierta y la lucecita no me deja dormir.

\# \# \#

Llega un joven a la farmacia y pregunta:

—¿Tienen calmantes?

—Sí —responde el farmacéutico.

—Pues tómese algunos porque esto es un atraco.

Un chico que empieza a trabajar de bombero le pregunta a su compañero:

—Oye, ¿sabes cómo llaman a los bomberos en Italia?

—Claro —contesta el compañero—. Por teléfono, como en todas partes.

En un restaurante un cliente pregunta al camarero:

—Oiga, ¿qué tienen de entrada?

Y el camarero responde:

—Una puerta de madera.

Un hombre entra en una tienda y le dice al encargado:

—¿Me podría hacer un favor?

—Claro —responde el encargado.

—¿Podría cambiarme este billete de cinco euros por siete monedas de un euro?

—¿Será por cinco monedas? —pregunta el encargado. Y el hombre responde:

—No, siete. Si no, ¿dónde está el favor?

Dentro de un avión, un médico y una azafata están atendiendo a una mujer enferma, y el doctor le dice a la azafata:

—Tenemos que llevarla a un hospital.

La enfermera pregunta:

—¿Qué es, doctor?

Y el doctor contesta:

—Un edificio grande lleno de enfermos y de señores con batas blancas.

En una farmacia, un cliente le dice al farmacéutico:

—¿Usted sabe cuál es el colmo de un farmacéutico?

—No —contesta el farmacéutico.

—Tener una hija que se llame Remedios.

Un chico entra en una tienda con tres amigas y le dice al vendedor:

—¿Tiene refrescos?

—¿Familiares? —pregunta el vendedor.

Y el chico contesta, señalando a las amigas:

—No, son solo amigas, pero tienen sed.

#

Un niño entra en una pajarería y dice:

—Hola, ¿tienen patos salvajes?

Y el vendedor contesta:

—No, pero si quiere le enfadamos una gallina.

Una mujer entra en un tienda de lencería y le dice a la encargada:

—¿Podría probarme el sujetador rojo, el que tienen ahí, en el escaparate?

Y la encargada responde:

—Claro que podría, pero mejor pruébeselo dentro y no en el escaparate.

Una chica va al dentista y le pregunta a la recepcionista:

—¿Es aquí donde sacan las muelas gratis?

—La primera vez sí.

—¿Y la segunda? —pregunta la chica.

Y la recepcionista contesta:

—No lo sé. Nadie vuelve.

Un hombre entra en un bar con un loro encima del hombro y el camarero pregunta:

—¿El animal habla?

Y el loro contesta:

—¡Y yo qué sé!

§ § §

En el parque se han reunido todos los amigos con sus perros. Llega Juanito con unos calzoncillos atados a una correa y les dice:

—¿Qué pasa? ¡Yo también tengo un boxer!

§ § §

§ § §

Dos chicas van por la calle, se cruzan con un gato
negro y una le pregunta a la otra:
—¿Eres supersticiosa?
Y la amiga contesta:
—No. Da mala suerte.

§ § §

Un niño está jugando a un videojuego con su amigo y le
pregunta:
—¿Sabes por qué los gatos son tan buenos jugando a
los videojuegos?
—No —contesta el amigo—. ¿Por qué?
—Porque tienen siete vidas.

Un grupo de niños juega a imitar a sus mascotas y Julia les dice:

—Yo soy la mejor imitando a mi gato.

—Vaya cosa —responde uno de sus amigos—. Todos sabemos hacer «miau, miau».

—Ya —contesta Julia—. Pero no todos sabéis comer ratones.

§ § §

Había una vez un pollito tan inteligente, tan inteligente, que en vez de «pi» decía 3,14159.

§ § §

§ § §

Un niño le da de comer a su gato, y le pregunta a su madre:

—Mamá, si a los gatos les gustan tanto los ratones, ¿por qué no hay comida de gatos con sabor a ratón?

§ § §

Dos chicos están al lado de un río, y uno le pregunta a su amigo:

—¿Sabes qué pasa cuando un pez lucha contra la corriente?

—No sé —responde el otro.

—Que muere electrocutado.

A la hora del recreo, un niño les pregunta a sus compañeros:

—¿Cuál es el animal que tiene pelo de gato, pero no es gato; patas de gato, pero no es gato; orejas de gato, pero no es gato?

Nadie lo sabe y el niño les dice:

—La gata.

§ § §

Carlitos visita a su primo granjero y, delante del corral de las gallinas, le pregunta:

—Oye, ¿por qué las gallinas cuidan tanto de sus pollitos?

Y el primo contesta:

—Porque les costó un huevo tenerlos.

§ § §

§ § §

En una granja, una niña le pregunta a su madre:
—Mamá, ¿tú sabes qué hay detrás de la vaca que ríe?
—¿Qué hay, hija?
—Otra vaca contando chistes.

§ § §

Una tarde iba Mickey Mouse conduciendo su coche
por la calle, vio a Goofy y lo saludó. Al cabo de un rato
se cruzó con Minnie y la saludó. Al cabo de un rato vio
a Donald y lo saludó. Al cabo de un rato, se le pinchó
una rueda, abrió el maletero para sacar el gato... y el
gato se lo comió.

Una niña le pregunta a su amiga:

—¿Qué tiene un elefante dentro de la trompa?

—¿Aire?

—No. Dos metros de mocos.

⅋ ⅋ ⅋

En el zoo, una niña le pregunta a su amiga:

—¿Sabes qué es peor que un elefante con dolor de orejas?

—No —contesta la amiga.

—Una jirafa con dolor de garganta.

⅋ ⅋ ⅋

§ § §

Había una vez un pez que frenó en seco y se murió.

§ § §

Unas palomas han entrado en la iglesia y el cura encarga a un chico que las saque. Al cabo de veinte minutos el chico ha conseguido sacar a todas las aves menos a una, y le dice al cura:
—Todas las aves están fuera, pero hay una que no creo que pueda sacar.
—¿Por qué no? —pregunta el cura. ¿Qué ave es?
Y el chico contesta:
—El Ave María.

En el zoo, un mono se ha escapado de su jaula, se ha escondido en una cueva y nadie puede hacerlo salir. Después de muchos intentos, llega un niño con un pez dentro de una bolsa de agua, entra en la cueva y el mono sale inmediatamente.

—¿Cómo lo has hecho? ¿Qué llevas en la bolsa? —le preguntan.

El niño enseña la bolsa y dice:

—Un salmonete.

§ § §

§ § §

Dos galgos corren por la calle persiguiendo a un taxi.
Al cabo de un buen rato, el taxi se para y un galgo le
dice al otro:
—¿Lo ves? ¡Pone libre, y no liebre!

§ § §

Paseando por la calle, un padre y su hijo pasan por
delante de un banco y el padre pregunta:
—Hijo, ¿sabes lo que es una hipoteca?
—Claro —responde el hijo—, la discoteca de los
hipopótamos.

155

Fardando de sus mascotas, Carlitos le dice a Juanito:

—Pues mi loro sabe decir cien palabras.

—¿Ah, sí? ¿Y cómo se llama tu loro?

Y Carlitos contesta:

—Pancho.

Entonces Juanito dice:

—Pues yo tengo un ave que sabe todas las palabras que existen, con acentos incluidos.

—¿Ah sí? No me lo creo. ¿Y cómo se llama?

Y Juanito contesta:

—Ave cedario.

§ § §

§ § §

Un niño pequeño le pregunta a su amiga:
—¿Por qué tu perro siempre va con un hueso en la boca?
Y la amiga contesta:
—Porque no tiene bolsillos.

§ § §

Julia y Juan están mirando una película donde Tarzán
está atado a unas cuerdas, y Juan pregunta:
—Julia, ¿por qué Tarzán no corta las cuerdas?
Y Julia contesta:
—Porque no tiene hachita.

Una niña le dice a su madre:

—Mamá, el gato se ha hecho puré.

—¿Y eso? —pregunta la madre—. ¿Ha vomitado?

—No —contesta la niña—, se ha caído por el hueco del ascensor.

§ § §

Una mujer está viendo un *western* por la tele en compañía de su gato, y dice:

—¿Has visto qué tonto ese vaquero? ¡Habla con su caballo!

§ § §

§ § §

Un gato y un gallo pasean por la orilla de un lago. De pronto, el gato se cae al agua y grita:

—¡Miaoooogo! ¡Miaoooogo!

Y el gallo le contesta:

—¿Qui quiri qui haga? ¿Qui quiri qui haga?

§ § §

En un bar, un hombre está jugando al ajedrez con su perro, y el camarero le dice:

—¡Increíble, su perro sabe jugar al ajedrez!

Y el hombre, concentrado, le dice:

—No tanto. Yo he ganado tres partidas y él solo una.

Un niño le enseña su gato a su amigo, y le dice:
—Se ha caído del balcón, lo ha atropellado un coche, se ha tragado un vaso de detergente, se ha quemado en la hoguera y no le ha pasado nada.
El amigo, alucinado, le pregunta:
—¿Cómo se llama?
Y el niño contesta:
—Suerte.

§ § §

Un niño le pregunta a su padre:
—Si en una habitación hay diez gatos y un ratón,
¿entre cuántos gatos se comerán al ratón?
—No lo sé —contesta el padre.
—Entre dos, porque ocho de cada diez gatos prefieren
el pescado.

§ § §

Un niño le dice a su amigo:
—¿Sabes cómo se abrazan los erizos?
—¿Cómo? —pregunta el amigo.
—Con mucho cuidado.

Una mujer entra en una pajarería y pregunta:

—¿Cuánto cuesta la cacatúa?

Y el vendedor contesta:

—No, la caca mía no se vende.

§ § §

Dos ratas pasean por la calle y por encima de ellas pasa un murciélago:

—¿Qué era eso? —pregunta una, espantada.

—Mi novio, que es piloto.

§ § §

§ § §

Dos canarios están en su jaula y comienzan a piar:
—Pío, pío —dice el primero.
—Pío, pío —contesta el otro.
—Pío, pío —vuelve el primero.
—Pío, pío, pío —contesta el otro.
Y el primero contesta, enfadado:
—¡Eh, no me cambies de tema!

§ § §

—¿Qué le dice el león a la cebra?
—No me rayes.

Un osito polar le pregunta a su mamá osa:

—Mamá, ¿estás segura de que soy un oso polar?

—Claro —contesta mamá osa—. ¿Por qué?

Y el osito contesta:

—Porque tengo mucho frío.

§ § §

Un niño señala a su gato y le dice a su amigo:

—Mi gato tiene 17 vidas.

—¿Ah, sí? —pregunta el amigo-. ¿Cómo lo sabes?

Y el amigo contesta:

—Porque lo atropelló un 4x4 y todavía sigue vivo.

§ § §

§ § §

Dos amigas están hablando del frío, y una le pregunta a la otra:

—Y tú ¿qué haces para no pasar frío en la cama?

Y la amiga contesta:

—Cojo una botella, la lleno de agua caliente y la meto entre las sábanas. ¿Y tú?

—Yo, como tengo un gato, cuando tengo frío lo meto debajo de las sábanas. ¿Quieres probarlo?

La mujer se lleva el gato de su amiga a casa y al día siguiente aparece con todo el cuerpo arañado y lleno de heridas.

—¿Qué te ha pasado? ¿Ha sido mi gato? ¡Pero si es muy bueno y cariñoso!

—No sé qué ha pasado. Quería probar tu técnica de dormir con el gato, pero cuando empecé a llenarlo de agua caliente se puso como loco.

§ § §

Los animales de la selva estaban muy aburridos y al león se le ocurre un juego:

—Vamos a contar chistes. Si alguien no se ríe de un chiste, nos comemos al que lo haya contado.

Empieza la jirafa, cuenta un chiste y todos se ríen, menos la tortuga. Y se comen a la jirafa.

Continúa el mono, cuenta un chiste y todos se ríen, menos la tortuga. Y se lo comen.

Sale la gacela, cuenta un chiste malísimo, nadie se ríe excepto la tortuga.

—¿Se puede saber de qué te ríes? —pregunta el león—. El chiste de la gacela es muy malo.

Y la tortuga dice:

—Es que ahora he entendido el chiste de la jirafa.

La vecina del quinto se encuentra a Carlitos y a su madre y les pregunta:

—¿Cómo le van a su hijo las clases de natación?

Y la madre de Carlitos contesta:

—Por ahora, nada mal.

★ ★ ★

Un niño está ayudando a su padre a arreglar un enchufe y le pregunta:

—Papá, ¿sabes lo que le dice un cable a otro cable?

—Ni idea, hijo. ¿Qué le dice?

—Somos los intocables.

★ ★ ★

* * *

Un niño le dice a su madre:
—Mamá, cuéntame un chiste.
—No, hijo —responde la madre—, mejor ayúdame a lavar los platos.
Y el hijo le dice:
—¡Ja, ja, ja, ja! ¡Muy bueno, mamá!

* * *

Un niño llega a su casa muy pensativo y le dice a su madre:
—Oye, mamá, si Dios nos da el pan cada día, los Reyes Magos y Papá Noel traen los regalos y las cigüeñas traen a los bebés, ¿qué hace papá, exactamente?

Una niña le dice a su padre:

—Papá, creo que mi habitación es un lugar santo.

—¿Por qué lo dices? —pregunta el padre.

—Porque cada vez que mamá entra, dice: «¡Dios mío!, ¡Madre de Dios!»

Una niña entra corriendo en la cocina y le dice a su madre:

—Mamá, en el cole me llaman cebolla.

Y la madre contesta:

—Ay, niña, vete al comedor que me haces llorar.

★ ★ ★

Pues mi hermanita ha nacido tan grande que en lugar de nombre de pila le hemos puesto nombre de batería.

MATERNIDAD

Una madre regresa del trabajo y ve a su hijo preparando decenas y decenas de bolsitas de té.

—Pero, hijo —le dice—, ¿por qué preparas tanto té?

Y el hijo responde:

—Es que he pasado por delante de la iglesia y había un cartel que decía «Jesús viene, prepára-te».

Una niña está mirando cómo su madre se sube a la balanza, y le dice:

—Mamá, yo te veo mucho mejor.

—Pues estoy más gorda—responde la madre.

—Por eso —dice la niña—. Te veo mejor.

Un padre ayuda a su hijo a hacer los deberes, y le pregunta:

—A ver, Juan, ¿cómo se dice?: ¿La yema del huevo es blanca o las yemas del huevo son blancas?

Y el hijo responde:

—Se dice: La yema del huevo es amarilla.

Un amigo le dice al otro:
—En realidad los aviones con un único motor son solo planeadores. La hélice no es más que un ventilador.
—No me lo creo.
—Si no te lo crees, quítala y verás cómo el piloto empieza a sudar.

—Mamá, ¿qué hora tienes?
—Las diez menos diez —contesta la madre.
—Entonces no tienes nada.

Un chico que acaba de terminar el instituto, quiere ganar algo de dinero para sus gastos extra y le pregunta al hombre de la oficina de empleo:
—¿Hay algún trabajo para mí?
—¿Te interesa de jardinero? —pregunta el hombre.
—¿Dejar dinero? —contesta el chico, enfadado—. ¡Lo que necesito es que me lo den!

★ ★ ★

—Mamá, ¿si te cortas con un hielo, tiritas?

★ ★ ★

Delante de un parque de atracciones, una niña le pregunta a una señora:

–¿Me podría dar veinticinco euros para un caramelo?

Y la señora contesta:

–¿Veinticinco euros para un caramelo?

–Sí –contesta la niña señalando el parque–.

Es que quería tomarlo allí dentro.

* * *

Un niño quiere pedirle perdón a su madre después de haber hecho una travesura y le pregunta:

—Mamá, ¿qué puedo hacer para que me perdones?

La madre contesta:

—Aprenderte cuatro letras.

—¿Ah sí? —dice el niño—. ¡Qué fácil!

¿Y qué letras son?

Y la madre contesta:

—O-B-D-C.

Una niña le pregunta a su abuela:

—Abuelita, ¿sabes por qué la escoba es el objeto más feliz de todos?

—No sé, cariño —contesta la abuela—. ¿Por qué?

Y la niña contesta:

—Porque siempre «va-riendo».

★ ★ ★

Un niño está haciendo los deberes de matemáticas y escribe en su cuaderno:

«Queridas matemáticas, ya es hora de que maduréis y resolváis vuestro propios problemas».

★ ★ ★

En pleno invierno y sin calefacción en casa, una niña le dice a su padre:

—Papá, en mi habitación hace mucho frío.

—No te preocupes —el dice el padre—. Ponte en la esquina.

—¿Y por qué en la esquina?

—Porque tiene noventa grados.

★ ★ ★

La tía de Juanito llega un día de visita y le pregunta a su sobrino:

—¿A ti te gustan las matemáticas?

Y Juanito contesta:

—Más o menos. ¿Por?

El padre de Clara está aprendiendo inglés, y le pregunta a su hija:

—Clara, ¿cómo se llama en inglés el señor que vende puertas?

Y Clara, muy seria, contesta:

—Vende-*door*.

Un niño está pescando en la orilla de un lago, llega un hombre y le pregunta:

—Hola, chaval, ¿qué, pican?

Y el niño contesta:

—No, son mansos.

★ ★ ★

* * *

Una niña está mirando fijamente a un hombre que se
baña en el mar, y este le pregunta:
—¿Por qué me miras tanto? ¿Pasa algo?
Y la niña le responde:
—Nada.
De repente, una ola gigante se lleva por delante al
hombre que casi se ahoga, y cuando se recupera, le
grita a la niña:
—¡Podrías haberme avisado!
Y la niña responde:
—Ya te dije que nadaras.

Padre e hijo esperan en la parada del autobús y el hijo pregunta:

—Papá, ¿sabes qué le dice una piedra a otra piedra?

—No hijo, ¿qué le dice?

—¡Qué vida más dura!

En una granja, el granjero echa abono a sus fresas,
y su hijo pequeño le pregunta:
—¿Qué haces?
—Pongo estiércol a las fresas —responde el padre.
Y el hijo dice:
—¿Y no estarían más ricas con nata?

★ ★ ★

Dos equipos están jugando a baloncesto,
un niño hace falta y el árbitro le dice:
—¡Falta personal!
Continúan jugando, el mismo niño hace falta
y el árbitro vuelve a pitar. A la tercera falta,
el niño, harto, sale de la pista y vuelve con quince
niños que empiezan a jugar.
—¿Pero qué estás haciendo? —pregunta el árbitro,
enfadado.
Y el niño contesta:
—¿No me has dicho que faltaba personal?

Un bombero visita la escuela para que los niños aprendan qué hacer en caso de incendio, y le pregunta a Julia:

—A ver, ¿qué harías si tu jersey estuviera ardiendo?

Y Julia contesta:

—Me pondría otra cosa.

Una niña le pregunta a su amigo:

—¿Tienes algún tic?

—Sí —contesta el amigo.

—Pues solo te falta el tac para ser un reloj.

★ ★ ★

En el restaurante, un niño no para de dar besos en la mano de su madre, hasta que finalmente ella dice:
—Me gusta mucho que me des besos en la mano, Pedrito, pero ¿por qué me das tantos?
—Porque no me han puesto servilleta, mamá.

★ ★ ★

Un niño y su madre van a pescar a un río. Allí se encuentran con un hombre del lugar y se dirigen a él:
—¿Se puede pescar aquí? —pregunta el niño.
—¡Claro que sí!
—¿No será delito? —se preocupa la madre.
—¿Delito dice? ¡Que va! ¡Será un milagro! —contesta el lugareño.

Una niña entra en un bar y le pregunta al camarero:

—¿Cuánto valen las empanadas?

—Dos euros —contesta el camarero.

—¿Y las empanadillas?

—Dos eurillos.

★ ★ ★

Una madre está harta de que su hijo se despierte siempre tarde y le dice:

—¿No te cansas de dormir?

Y el hijo contesta:

—¿Cómo me voy a cansar, si estoy durmiendo?

★ ★ ★

★ ★ ★

Una madre llega a su casa y su hija le dice:
—Hoy con la clase hemos ido de visita al hospital y nos han enseñado un corazón de verdad.
—¿Un corazón? —pregunta la madre—. ¿Y latía?
Y la hija contesta:
—La tía no ha venido, mamá. Hemos ido con el cole.

Toda la familia ha ido a un restaurante y según se sientan, el hijo empieza a meterse ketchup por la oreja:
—¿Qué estás haciendo? —pregunta el padre, enfadado.
Y el niño, tranquilamente, responde:
—Escuchando salsa.

Un niño enamorado entra en una tienda de tarjetas de regalo y le pregunta al dependiente:

—¿Tiene alguna tarjeta para mi único y verdadero amor?

—Claro —responde el vendedor.

Y el niño, contento, le dice:

—¡Perfecto, quiero ocho!

Pablito está haciendo los deberes y le pregunta a su padre:

—Papá, ¿por qué antes la mayoría de los pintores famosos eran italianos?

Y el padre contesta:

—Porque nacieron en Italia, hijo. ¡Vaya preguntas!

* * *

Un niño llega a su casa después de visitar a un amigo,
y le dice a su padre:

—Recuerdos de Carlitos.

—Gracias —responde el padre.

—Recuerdos de Carlitos.

—Gracias.

—Recuerdos de Carlitos.

—Bueno, ya vale, ¿no? —le dice el padre.

Y el niño contesta:

—Es que me ha dado muchos recuerdos.

Índice

¡Escribe
tus propios
chistes!

Chistes sobre los encuentros familiares
(comidas especiales, Navidad, cumpleaños, etc.)

Chistes sobre tíos y tías

Chistes sobre dentistas

Chistes sobre actores de cine

209

211

¡Prepárate para troncharte de risa!

Descubre más chistes en formato e-book en nuestra web:

www.penguinlibros.com

Y si todavía quieres más...